AMOR EN TIEMPOS DE DEUDA

(MARKETING INFIERNO)

LEÓN GUTI

Solía ser palabra muda, ahogada en pensamiento, olvidada en gastos y novedad.

Mercantilismo de marketing sin esencia de amor.

León, Padre y Madre y güerita.

Gracias.

2022

PALABRAS DE AMOR EN DEUDA Y DEUDAS DE AMOR.

Un mundo caótico, involucionando hacia el feudal silencio de las libertades y cimentado en apariencia y compras.

Ya no hay lugar para el aliento, para la caricia ofrecida con miradas y calor.

Es tiempo de tratar de salvar el alma y dedicarnos letras.

CONTENIDO

BURLA

S.O.Z

ESPACIO AÉREO

ROTO

VERDE PAMPITA

NOMBRE

TINTA FALSA

ALAS

NACIÓN CREMA

FORRO QUE SOBRA

RETAZO EN PROMO

¡ARDA!

BENDITAS

BITE

MARKETING INFIERNO

MARCHITAS

FALSO

YA...

INMMADUREZ
VITRALES MIS OJOS
ENLATADO ROSA

BURLA

Tú pilotabas la nave que rompió mi corazón.
                      La armadura sin hongos.
                            Fue el virus de tu amor el que la infectó.
        Lapidaria confesión de amor.
Arrancaste con furia los recuerdos de mi piel.
              Desgarraste recuerdos que salieron de los huesos
Lapidaste mis promesas con mortuorios enchapes de otra piel.
                    Inundaste de burla las cenizas salidas de mis ojos.
Limpiaste mis heridas con la risa del desprecio
              Envenenado promesas con mentiras.
Fracturando mis huesos con calumnias besos.
                  Infectaste de alegría la tristeza de mi ser.
Sepultaste mi cariño en la tumba del olvido.

Caminando sobre brasas para abrir tu corazón.

Emitiendo gritos mudos que escaparon de mis ojos ilusionados por espejismos que creó la idea.

La pandilla criminal de tus besos

Tú, burla, sentencia de desprecio.

El epitelio micelar de mis ideas.

Ahogando con el polvo de mentiras que guardabas en la alfombra de tu actuar.

La mezcla de lodo que corre por tus venas.

Mis lágrimas se convirtieron en engrudo. Que pegó las puertas de mis ansias y ahogo la llave de mi angustia por tenerte.

El delito poético de tu cuerpo.

Me declaro culpable de admirar.

Rompiendo la lisura de mi piel con corruptos arañazos de mentira.

S.O.Z.

El rumor de tu acento

                                        Abraza mi piel

                     Entreverando el aliento

              Que pierdo cuando me roza tu voz...

arremete mi sonrisa

                     Retumbando entre mis venas

Bombeando hacia los bordes

                   Cuánticos de la incertidumbre

De tu estancia en mis sueños.

                   Quisiera encerrarte en los

                       Barrotes seguros

De la prisión de mis anhelos

                         Y verte a diario...

En los espacios que vuelo.

ESPACIO AÉREO

Avisé a la base que prohíba tu paso por mi espacio aéreo

Ya es tiempo de que aterrices

El terreno es adecuado y las pistas se han dispuesto para ese modelo

        No más de girar sin fin y establecer gastos innecesarios de gas oil

El viaje parece largo,
        pero termina

Se quedarán recuerdos en las nubes,
        pero en tierra hay variedad

Transita por mis vías,

        seguro se adornan contigo.

Hay sitios de reposo y calma

        Otros desastrosos

Pero también hay calor y rumba

Oasis inmensos de ilusión y fuerza extravagante para alzar vientos

Prisiones de volcanes de rabia e incomprensión, pero playas de paciencia

Enredaderas de lágrimas envueltas en risas de algodón, azules, de cielo violento y tierno

Pero en la tierra de mi piel y en la protección de mis manos

Que descansan en tu nombre,

cuando se lanza sobre mis ojos tapando oleadas de desdicha

Que ponen freno al tiempo si tu estas, que no dejan silencio y soledad

Que paran la estática del ser, sin estar en papel blanco

Escrito por tinta mutua

Disfrazadas de una sola, pero con su destino ahí

Rompiendo esa lata cáustica de estar distantes
persé

                Muriendo en vino de boca antes
        de perder la sed

Mis dedos tocando los tuyos en montes de
ciénagas vivas de sombra y diario vivir

                      Cayendo en abismos
          yermos, gritando miedo y placer

                        Piel de manos y
              labios de sed

ROTO

Roto, está mi día que no encuentra luz en la distancia de mis manos agitadas en la nada. Roto está mi ojo que no logra darle forma a este silencio.

Y no lo siento en la negrura de la pasta del aire que envuelve mi figura fracturada. Roto está el cielo del que ya no cuelgan nubes, ni siquiera estrellas.

Vacío que se va formando cuando escapa todo lo que contenía la forma de la aurora, que ya no da luz a mis encierros ni sostiene el halo de mis atardeceres grises.

Dónde no hay mañanas, ni siquiera grillos, tampoco rocío ni gotas de frío. Roto, como está mi frente que se va girando buscando que llegue un rumbo que arrulle, este balanceo que palpita a veces con menos desgano.

Que se lleva todo por esas hendijas, superando rocas que ya no sostienen, porque se hacen polvo sin dejar caricias. Roto, porque es a pedazos que acaba la forma que supuse armando y que no termino.

Que buscaba darle sostén a este mundo. Que se fue de bruces y no por temblores. Que creí capaz de aguantar embates, que no soportó la fuerza del río de palabras negras y lanzas de letras.

Se rompió tan fuerte sin parecer frágil, sólo sostenida en silencios sordos que no se escucharon y dejaron solo lastimeros dardos que me atravesaron, me dejaron...

ROTO

VERDE PAMPITA

Pétalos de vida tus ojos verdes
Que prenden las hogueras frescas de mis venas
Por donde caminan presurosas las
ansias de tu aliento

Desprende lágrimas de hojas verdes
De color, mi alma al presentirte…

Se llena de vida mi imaginación al observarte
en un mundo que destella por tu estancia…
Acá, en mi pensamiento.

La rosa de tus labios que suavemente
acarician mis sentidos
Que se exaltan con espacios compartidos en el aire
de mis sueños

Y siguen así, los latidos de mi vida verde, con tus ojos

De cielo

En donde eres

estrella eterna…

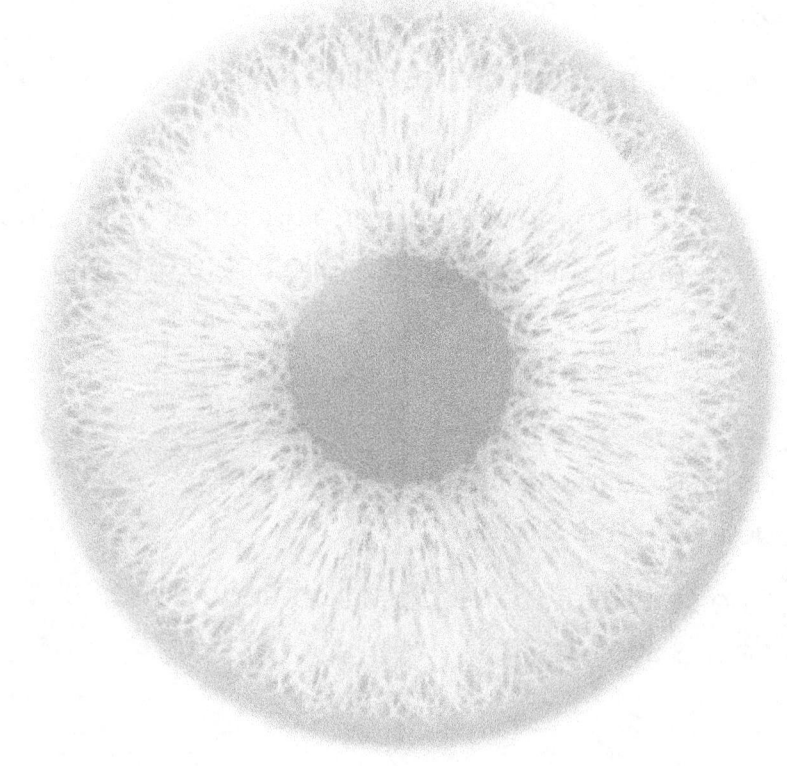

NOMBRE.

Cruce entreverado de letras es tu nombre
Sobre los nombres de las cosas nombradas.
Marca profunda de tinta su color
En las líneas del pensamiento.

Danzan signos colgados de hilos de existencia
En desfile semántico y creador, de orígenes y extinciones.

Camina el nombre olvidado en la espalda lamentable del pasado
Se desliza en presente la veta rayada de tu letra
Sonido de grito de tu existencia.

Desgarra y suela lágrimas sólidas
En forma de estalagmitas clavadas en la mirada que observa

El bamboleo rítmico de tus pasos.

Se quedan adentro y se derriten en pensamiento
De alegría y pasión.

TINTA FALSA.

      Palabras de mentira las que das.

Pero no por quererlo, en un deseo de afán discursivo.

      Sino de esencia.

Porque de eso te compones.

      De tinta falsa, matizada con mentiras, adornadas de verdad.

Así es tu tono, falso desde la supuesta verdad que sale del fondo del túnel

      De la caverna de tu voz armada de letras disfrazadas.

Imitación de amor, imitación de amistad.

      Sostenida de soledad interna.

Explotando en los vacíos que te orbitan.

      Tu ser, el miedo formado con piel de tu apariencia.

Simulación violenta de tornado de terror de vida.

Oculta en el baúl sellado de lo que se pudo y no se quiso ser.

Verdades sepultadas con su luz que ocultas en la sin luz de tu ser.

Allá estás y no te ves.

Pensé en verte y me perdí.

En lo profundo de tu negrura ilimitada.

Sin luz propia, sin querer la mía

que intentaba alumbrar el camino.

ALAS

Alas de ilusión desprenden tus ojos hondos.

Profundos como el viento que arrasa con mis pesares.

Arrullado en el trinar de las caricias

Susurrantes del respirar del mundo.

Alas de suspiros tejidos en sueños de estar cayendo en el tiempo

De memorias que se convierten en lazos que me sostienen.

Goce de manos entrelazadas

mientras se blanden espadas justas

y nos miramos.

Filo pasional y firme. Tu…yo

y ahí, la vida.

Escudo sostenido con fuerza enfrentando los destinos.

Nudo de risa y aliento que cuelga
Y fluye...

NACIÓN CREMA

Esos paisajes que recorrieron mis ojos refrescando memorias fijas, intactas e el recuerdo intenso, deleite de juventud.

Esos valles con rutas curvas y altivas que retozaron alegres al lado de mis colinas mientras el sol bañaba con lindas alucinaciones de saliva y sal.

Esos profundos secretos de ojos verdes dibujando el contorno de mi aliento se desataron sobre el pecho de mi limitada cordura que luchaba por contenerse y no cruzar los límites de tu nación.

Esos mismos paisajes que se quedaron sobre el lienzo de mi pupila, lacerando el borde de mi alma que derramaba existencia con tu estadía y se escapó al infinito con tu partida.

No quedaron museos de ti en las cosas. Quedaron museos de ti en mi. Joyas únicas construidas en movimientos y voces.

En oídos cercanos y cabellos surcando mis mejillas.

Quedaron huellas de tu piel en el aire que no se va y cuelga de la esperanza de detener tiempo y aroma.

Esos paisajes se quedaron pintados con pinceles de olor y crema, dibujan el sendero que mueve mi caminar en el desierto de las cosas sin ti.

Y ahí vas, destilando presencia en jirones que nublan mi vista y arrullan heridas que palpitan.

FORRO QUE SOBRA

Soy la droga

        Soy locura y desacierto

        Soy nada y algo

        Sin algo

Creo. Pienso, soy

        Raya, punto, espacio

        Ahí, allá

Nunca, alguna vez

        De nada

        Humo que forma la forma deformada

Que late sin dolor de pulsar y ser

    Brota y corre de sangre y de vena de ser y no

        De ser de querer y no

        De ser de romper y si

        De grito, silencio bruto de estar y no

De espacio largo, muro de afrentas y palabras sin signo
Soy
    Soy y no quiero
        Soy y muero sin vivir
      Soy y ya
      Soy
Piel y hueso
      Esponja cerebral de estar sin pálpito
Sin cadena de mass media que me haga realidad
      Ahí
Papel quebrado que nadie ve
Viento congelado en la piel del muerto
      Rastro que no
Pedazo de ser que fue en mi semántica
      Que no fue más
        Que no es porque si
Que no se rinde al meta ciclo de querer
      Que no se rinde a la muerte

Que no se rinde al power

Solo danza en la sangre del dolor

De esta reja en la que nací

RETAZO EN PROMO

Cuando el alma pesa, tira de las venas del corazón atado a pasiones indeseables.

Apegado a gente furtiva que escapa al despertar y escribe en tinta negra supuestas luces de alegría que no dejan a su paso más que desesperanza, miedo y vacío.

De esos profundos y oscuros seres debemos desprendernos y recuperar la esperanza.

Abrir los ojos a la angustia de saberse en sangre verdadera empujados con latidos de coraje y horizontes de amaneceres tranquilos

Reales y honestos, bañados en besos de verdad.

Amor real que no se recoge, se gana. Y cubre de valor al ser estrellado en el desprecio.

Olvido de un mundo regido por escafandras, superficiales,

    con costo sin sentido
        y pedazos

de piel en promoción.

¡ARDA!

¡Que arda!

La palabra sin sustento de pasión alguna. Que se destruya todo vestigio de tibieza. Que arda hasta el cimiento el sentimiento gelatina que con leve viento se deshace.

Que arda el constructo débil del porvenir oscuro. Que se rompa la promesa mentirosa.

Que arda en llamas de dolor toda entrega a medias por miedos ambiguos de excusas sin sentido.

Que permanezca en negro ceniza ese silencio de palabra dada sin asiento.

De la burla que hiere sin bondad alguna. Solo buscando

su propio alimento. Engullendo
los frutos que recibe,

pensando siempre en su
figura.

Dejando a rastras los regalos que arderán por
siempre en sus infiernos.

Donde disfrutan sus entrañas y
su humanidad

se ha perdido.

BENDITAS.

Benditas mentiras,
      hicieron crear una bruma que se creyó
          dando al tiempo lugar para abrazar
          minutos
que se desmadejan en la espalda de la huida
      al despertar de la realidad que
      imaginariamente FUE irreal

entre sueños que se cuecen en el calor de las trenzas formadas para no perder el camino
      para guiar en la negrura

se tejió la historia
      cuentos que llegaron a oídos ajenos y formaron leyendas

que el corazón desmiente y deshoja

verdades dormidas en la mentira que defiende la irracional mirada del futuro

mentiras que despiertan con verdades que se delatan en el presente

Sagradas palabras, que pronunció la voz

desangrando las heridas de la falsedad sobre el lienzo claro de lo hecho

lo que se ve

en el escándalo que provocó la luz de los años

pesares ahogados en la red de los momentos desperdigados

deshechos

derramados en la sal de las lágrimas

maldita verdad.

BITE

No puedo verte

    Pero te estoy mirando

No sé si eres

    Pero lo creo

Habitado de palabras construyo caminos inclinados hasta el bite de las estrellas que fulguran en el

    tapiz lejano del instinto

    Desolación que brota de los procesos cuánticos de la red en la que navegan mis pupilas

    Formateando fronteras invisibles de posibilidades

    y discos de platino en la que los surcos confluyen…

    rayas que encauzan filtros superpuestos

enredados en láminas de acero que forman cúmulos de aliento…

Allá en un horizonte que alimenta la ilusión

Con colores de llamas que se esfuman con el humo del tiempo

Se fusionan

Y queman combustible en la ruta

Para llegar

Para vivir

Y estar

MARKETING INFIERNO

No es el dolor ausente que va y duele
              No es la risa rota que cuelga
Es el olor de lágrima que sale, seco

Bajando en forma de ángel sin estrella
        Se derrama en prosa de miradas
    mientras sufre ser
Mientras espera ser sentida
                      Y no

Porque rompe la piel que inflige el propio plagio
         De no nombrarse en un espacio
    sin placenta
Sin ligue a ser, solo imagen y nada
         Grito en el vacío sin respuesta

Espacio negro y …, de algo…

Sangre que empuja y duele

Sin pena
        Sin vida
                Sin muerte
Piel pesada, piel sin alma, botada sin causa
    Por el deseo de compra y cambio

Producto del
        Marketing infierno.

MARCHITAS

Hebras de tu pelo que se convierten en fuertes lazos que unen tu mirada a mi recuerdo

hiriendo al caer pesadas en el vacío de las palabras que nunca se nombraron ni se forjaron en la caldera del deseo.

Cuelgan del forro de la idea y rompen cada pieza del rompecabezas inevitable de mi paisaje en el ti.

Como cabañas devastadas por maquinaria negra que prepara el terreno para el frío metal y la sequía urbana.

Deshabitada de colores y sonidos. Deshabitada de lo que se hubiera querido construir, pero quedó con los materiales listos y sin huellas.

Abandono de risas y alegría, pletórico de silencio y palabras anónimas y sin sentido.

Promesas que no se ofrecen porque no se quiso dar terreno a suelo firme. Hebras de pelo que mantienen el devenir sin causa ni efecto a sentimientos de vapor y olvido.

Hebras marchitas, hebras grises, hebras sin vida.

Resistentes a palabras y poesía, porque en su superficie se resbalan sin interés alguno y caen en el valde de los deshechos vacíos.

Porque en sus adentros ya no hay algo que sostenga la ilusión. Son hebras de nada y todo.

Complemento cáustico del desalojo del tiempo y del querer.

Sostenido en negrura y confusión, que se desinflan al ser presionados por la pasión despierta de aceptación, que no arriba porque la detuvieron los terrenos mal terminados y los bloqueos terroristas del desaliento.

FALSO

Oro de tela tus promesas,
tejidas en hilo
Transparente de humo.
Oscuro discurso que alimenta oídos angustiados
Por mentira y piel.
Puerta al abismo de la nada.

Seguro picaporte del encierro en la prisión
De la creencia sin reflexión.
Tinta helada de corazón sin pálpito,
Vacío eterno con piso de mármol de hueso
Y gusanos de dolor.
Sangre sin vida, vena ficticia
Plasmada de mi inocencia que
Le dio suspiros de valor.

YA...

Certeza no

Aliento roto

Amor eterno de nada

Promesa falsa

Beso de trapo

Paisaje verde de suspiro negro

Poster tu

Falso

De papel malo

Nunca humano

Farsa de cartón

Dolor que calma

Inevitable y quebrada posibilidad

De puñal adentro

Con sangre anónima de corazón

Mata y... ya

Roto, eterno

De ti

Sin nada de carga

Solo, vacío, pesado

Dos, tres, siempre

Vasija eterna y quebrada

yo

nada

y ya…

sin risa

sin cielo

sin mañana

y ya…

INMADUREZ

Cuando te vi no vi tu luz...
        andaba a ciegas por tu cuerpo
      tropezaba con las ganas de vivirte

      Sin comprender que avanzaba hacia un
      abismo de silencios y distancias,
sin arroparme con mis sueños e ilusiones

Solo viviendo de simulaciones banas y desastres,
        rompiendo el lazo que intentabas
    rodearme.

VITRALES MIS OJOS

Estoy lleno de trampas y de cosas chuecas

Paredes de mentiras y conductas incrustadas antes de poder siquiera actuar por mi cuenta

Maletas llenas de amores incompletos e instrucciones no leídas

Gustos inauditos por personas no empáticas y egoísmos desbordados.

A veces miro el paisaje tranquilo en terrores nocturnos y estridentes humedades

Y me deleito en silencios y quieta oscuridad inmóvil.
La piel es lo mío, mientras se tenga.

Porque el cable de la ira tira de mi apego al infinito.

El signo me habita y se derrama en superficies
construidas en entornos supuestos

        Mientras hojeo en mi mente

        Imágenes que suelen aparecer
caóticas y errantes.

No siempre me siento de este lado

La mayor parte del tiempo no veo la razón de
detenerme y asumir un sitio

Despierto o en vigilia da lo mismo

        Ya que el orden de las cosas no me
alcanza

Aprovecho para entrar en orificios de posibles finales de la historia
        Caigo al fondo en ausencia de soporte
        Deslizando mi mirar por las cadenas de los planes

Estoy lleno de ideas que me orbitan, a distancia.
    Que atraen los obstáculos que rompen y desangran los vitrales de mis ojos, que contemplan.
Quietos,
        la impaciencia de vivir en mil disfraces.

ENLATADO ROSA

Tus besos de mentiras fueron la causa de la indigestión que sufre mi alma.

No porque fueran profundos y tiernos,

Sino porque eran de imitación.

De esos MADE IN FAKE.

De los "bamba" de la T.V.

Pero los teñiste de ti para que me los comiera y luego te cambiaste de canal para que no supiera.

Cuando pensaste que no me sabía la parrilla de tu programación.

Y pues, qué te dijera.

Eran enlatado de serie de terror envuelta en programa rosa.

En fin.

Así pasa con esta hernia de traición.

Los mismo a veces da gastritis de lealtad y otras veces son "aguas" advertidas que no me espantan.

De eso pulula el mundo…

DE RETAZOS TEJIDA EL ALMA

DE PALABRAS SENTIDO HAY

EN EL HILO DEL VIENTO ESPERA
QUE EL LATIDO COMIENCE A
HILAR…